L6 56 197

RÉFLEXIONS

D'UN HOMME DÉVOUÉ

AU BONHEUR DE SES CONCITOYENS

PAR

M. JACQUES WÉBER

RUE DE L'ARBRE-SEC, 26.

PARIS.

LIBRAIRIE DE H. DUMINERAY,

52, RUE RICHELIEU, AU COIN DU PASSAGE BEAUJOLAIS.

1854.

PRÉFACE.

En écrivant ce petit ouvrage, je ne veux ni flatter, ni blesser personne; je parle seulement d'après ma conviction, ami du peuple, et n'agissant qu'avec justice loyale, en suivant les exemples du saint auteur de la religion chrétienne, Notre Seigneur Jésus-Christ, qui ne nous a montré que la charité et le désintéressement. Je serai forcé, dans cet écrit, d'être un peu sévère pour corriger certains abus qui existent depuis longtemps; cependant, j'espère que l'on m'accordera un peu d'indulgence, puisque je ne parle que dans l'intérêt de mes concitoyens. Je ferai observer aux gens riches que la terre est commune et qu'elle doit nourrir tout le monde. On peut dire avec pleine raison que les gens qui possèdent la fortune et qui ne font pas de bonnes actions, ne sont que des égoïstes qui font privation à leurs frères en Jésus-Christ de la mesure de la terre qui leur appartient. Ils doivent se cacher avec leurs grandes fortunes sans pouvoir prouver des exemples de charité ; et quand on demande s'ils ont appris le premier commandement de Dieu, qui prononce que l'on doit aimer son prochain comme soi-même, que peuvent-ils répondre ? L'auteur de cette morale a fait des explications, loyalement, seulement en quelques pages et sans faire des volumes.

FÉLICITATION

A SA MAJESTÉ L'EMPEREUR NAPOLÉON III.

Je prononce gloire et succès au successeur d'un grand monarque, à Sa Majesté l'Empereur, pour la prospérité de la nation et de son auguste famille !

Ses fidèles sujets travailleront fidèlement sous la protection de Sa Majesté.

Le bonheur d'un peuple ne dépend que de la bienveillance des souverains, qui sont les chefs de la justice loyale et ne doivent jamais craindre le danger, car leurs sujets les soutiendraient de leurs forces et fidélité.

L'Empereur glorifie son armée, qui présente la fleur de la nation, et qui se trouve en activité par une guerre provoquée ; mais heureusement que l'on a du succès.

Vive l'Empereur ! Vive son armée qui garantit la patrie ! Vive le peuple qui, sous le juste règne de Sa Majesté l'Empereur Napoléon III, ne peut manquer de devenir heureux !

Il faut espérer que la protection de Dieu suivra l'Empereur, qu'elle protégera comme elle a protégé le prophète Moïse, qui a été le fidèle serviteur de Dieu, qui a mené le peuple d'Israël dans la terre promise, suivant les ordres qu'il avait reçus de Dieu, et qui doit servir de modèle et d'exemple à tous les souverains.

Tous les souverains ont besoin d'une société de conseilleurs, mais ils ne doivent pas toujours s'en rapporter à eux; ils doivent s'informer par eux-mêmes, et de différentes manières, de la situation du peuple pour le rendre heureux.

Ils ne doivent pas se fier aux faux rapports des hommes qui ont trahi plusieurs fois la confiance du souverain. Ce sont ces hommes qui ne cherchent qu'à perdre le souverain; on en a l'expérience par les temps passés.

Les souverains se trouvent entourés d'une égoïste société de flatteurs et flâneurs, qui ne font des rapports et ne donnent des conseils aux souverains que pour satisfaire leurs caprices et leur ambition; ils se sauvent lestement lorsque le danger les menace, et il n'en reste aucun pour défendre les souverains qui restent abandonnés par la trahison d'une société égoïste.

On doit se rappeler de ces catastrophes et chercher à éviter à l'avenir ces tristes événements, par la bienveillance de l'Empereur Napoléon, qui est le père du peuple français, et par la position où la Providence l'a placé.

L'Empereur Napoléon III a installé les membres du gouvernement à son choix, et qui doivent lui rester fidèles pour soutenir son trône, et que nul effort ne saurait troubler son sentiment, qu'il déclare et qu'il a envie de montrer de plus en plus.

Les membres du gouvernement français se trouvent à l'abri de toute chute sous le drapeau impérial et doivent toujours agir pour inspirer la confiance aux commerçants, comme à tout le monde en général, pour former la tranquillité et la sûreté du pays. Il fallait avoir, comme nous avons, un règne stable pour faire refleurir le commerce en général et pour glorifier la France, la grande nation, et qui se fait admirer de tous les peuples, même de ses adversaires !

On peut donc voir un heureux avenir sous le règne de Sa Majesté l'Empereur qui protége et soulage le peuple souffrant ; mais il faut pour cela qu'il soit secondé par les gens riches, car un homme seul ne peut pas soutenir un si grand nombre de pauvres qui ne demandent qu'à vivre en travaillant. Puisse Dieu le soutenir dans sa noble tâche et lui assurer un long règne ; car les changements dégradent et ruinent la France et font tort au commerce.

Vive l'Empereur ! Vive l'Empereur Napoléon pour la prospérité de la France et comme le soutien du peuple !

Son fidèle serviteur va encore faire quelques observations.

Pour faire aller le commerce comme il n'a jamais été, il faut que l'on fasse sortir l'argent qui dort à la Banque de France où ailleurs ; car celui qui garde son argent renfermé met entrave au bien du pays et coupe les bras des ouvriers, et se rend indigne, de cette manière, de vivre parmi les humains, car il est bien coupable. Mais nécessairement les gens riches doivent employer la fortune que Dieu leur a donnée à faire aller le commerce et les travaux, de cette manière secourir le pauvre peuple et calmer sa misère, car il pourrait se trouver des pauvres gens sans ouvrage et sans pain.

En général, l'argent ne doit pas se trouver renfermé, car c'est un vol fait à la société et qui fait tort souvent au souverain.

Les riches qui renferment leur argent méritent une discipline sévère, par rapport qu'ils laissent des bras inoccupés et troublent la société par leur ingratitude.

Heureux si la France se repose tranquillement sous le règne de Sa Majesté l'Empereur Napoléon, pour inspirer la confiance à tous les peuples étrangers.

Par mon inspiration, je donne conseil à tous les gouverneurs d'un peuple, n'importe de quelle nation, de prendre l'intérêt de ceux qu'ils représentent, car ils se font payer bien cher.

L'Empereur Napoléon Ier fut envoyé par la Providence pour relever la France de sa chute, car elle se trouvait à cette époque tout en désordre par la première révolution.

Mais l'Empereur a remis la France en bon état par ses capacités et son activité. Il a su se faire respecter, par sa puissante grandeur, de tous les pays ; car ils ne craignaient aucune puissance vis-à-vis de lui.

L'Empereur Napoléon III, qui est le successeur de son oncle, suivra sa trace ; car il organisera les tribunaux de la justice loyale, et son armée sur terre et sur mer glorifiera la France.

Les embellissements de la ville de Paris, qui présente le cœur de la nation française, font vivre un grand nombre de pauvres ouvriers, et on peut espérer relever le commerce par l'arrivée dans la belle cité des étrangers, qui ne cherchent qu'à en faire leur résidence.

On peut employer son argent en pleine confiance pour achever les bonnes œuvres qui sont commencées, sous le glorieux règne de Sa Majesté l'Empereur, qui a pitié du pauvre peuple qui se trouve sans ouvrage et sans pain.

On se demande à quoi pensent les gens riches qui gardent leur argent et qui laissent mourir leurs pauvres frères ?

Ont-ils du sentiment, et ont-ils été instruits de la religion chrétienne dans les grands collèges d'où ils sortent ?

Je demande bien des excuses si j'adresse des paroles si sévères aux personnages insensibles qui sont remplis de moyens pour secourir les misères du pauvre peuple ; ce sont des gens plus que pauvres, car ils n'ont pas de cœur. Il y a bien des gens riches qui ne sont grands que par leur nom, mais qui sont très-petits en qualité et générosité : il vaut mieux être riche en qualité qu'en argent. On peut dire franchement que la sensibilité du cœur ne permet pas d'être riche.

Notre Seigneur Jésus-Christ a dit, dans ses saints Évangiles, aux mauvais riches :

« Retirez-vous! car vous ne m'avez ni nourri, ni vêtu, et ne m'avez pas donné hospitalité! »

Ce sont des paroles qui sont à comprendre, que de certains riches ont laissé mourir de faim leurs pauvres frères.

Jésus-Christ leur a encore dit :

« Je ne vous connais pas, car vous n'êtes bons à rien. »

Il vaut mieux être riche en bienfaisance qu'en grande fortune sans pouvoir donner des preuves de bonnes actions ; car la fortune ne porte son prix que sur la terre, pour engraisser la chair et bien nourrir les vers, mais elle ne nous suit pas plus loin ; elle tombe dans la fosse avec les cadavres.

Heureux si l'on peut se rappeler et se souvenir de ses bienfaits la veille de sa mort, pour avoir la satisfaction que donne la consolation d'avoir bien rempli son devoir, et qui nous suit au-delà du tombeau, malgré que nous soyons dans la fosse.

On doit parler ainsi franchement, car on ne voit point le fruit du sentiment ni de la religion. Il vaut mieux parler ainsi que de faire comme les ingrats richards qui ne savent que se cacher et se flatter et qui bravent tout le monde par leur fortune sans considération ni pitié pour la misère de leurs pauvres frères.

Le pauvre peuple n'est pas exigeant, il ne demande que le superflu de cette terre qui appartient à tout le monde et qui doit produire l'existence en employant dans le commerce l'argent qui renferme le pain des pauvres gens.

On ne demande pas l'aumône, on ne demande que la justice par bon droit et avec raison, car on ne voit aucune œuvre spirituelle de l'égoïste classe du monde qui n'a point de sentiment ni de religion et qui ne cherche qu'à dominer sur les pauvres gens qui n'ont point de défense.

Les pauvres peuvent être comparés à un troupeau de moutons qui se trouve poursuivi par le loup.

Je me sens fortement engagé par mon inspiration au nom de Dieu pour soutenir le pauvre peuple.

On demande où sont donc les gens riches qui prêtent et qui avancent de l'argent aux architectes et aux manufacturiers pour pouvoir occuper les ouvriers de tous les états et faire fleurir le commerce?

Mais, à mon avis, il est bien des travaux qui sont faits par des mécaniques, ce qui fait du tort aux ouvriers, il en est d'utiles, mais, il en est d'autres dont on pourrait peut-être bien se passer et que l'on pourrait réformer en payant une indemnité aux propriétaires ; de cette manière tous les ouvriers pourraient vivre.

Les faillites et les banqueroutes ne doivent plus avoir lieu, car ce sont des noms qui empoisonnent le commerce. Ce sont des noms que l'on emploie pour couvrir les vols graves de l'argent et de la confiance.

Tous les négociants et les marchands doivent protester de toutes leurs forces contre ces abus, car il serait impossible de pouvoir rétablir le commerce comme il faut.

On doit mettre empêchement à ces vols, car il y a des gens qui ne déclarent banqueroute que pour s'enrichir.

Ce sont des gens qui ne se privent de rien, qui dépensent en coquetteries, en plaisirs et en jeu, plus qu'ils ne possèdent. Ce n'est pas assez de dépenser, en folles dépenses, leur argent, ils disposent encore de celui de leurs semblables, à qui ils ne craignent pas de le faire perdre.

La justice doit empêcher cet état de choses et traiter les banqueroutes avec une grande sévérité.

Cependant, il y a des commerçants qui ne réussissent pas dans leurs entreprises et qui sont obligés de déclarer faillite.

A ceux-là leurs créanciers doivent non-seulement donner le temps pour se relever de leurs malheurs, mais en même temps leur donner les secours nécessaires quant il n'y a pas eu de la part de leurs débiteurs, ni débauche, ni mauvais vouloir, *pour les payer*.

J'espère que toutes les personnes de bonne foi approuveront mon sentiment et mes idées.

L'auteur de cette morale croit se rendre utile à ses concitoyens par ce troisième ouvrage, en observant toujours aux gens riches que le superflu de leurs fortunes doit se trouver employé à secourir leurs frères malheureux et à soutenir le commerce sous un règne stable et tranquille comme celui de Sa Majesté l'Empereur Napoléon III.

Je n'ai cherché dans cet ouvrage qu'à me rendre utile à la nation par peines et sacrifices.

Jacques WEBER.

CONCLUSION.

Je ne terminerai cependant pas sans faire un éloge à la ville
de Paris, la capitale et le cœur de la France, et de grandes espé-
rances à ses habitants. Paris est une merveille d'un luxe admi-
rable, qui se fait admirer de tous les étrangers qui y viennent
pour dépenser une grande partie de leur fortune.

On peut espérer plus que jamais que les travaux, qui sont com-
mencés, seront achevés sous le règne de Sa Majesté l'Empereur
Napoléon III. Paris, la capitale et le cœur de la France, est en
même temps la cité du bon goût et des beaux-arts.

Comparable par son luxe, par sa magnificence et ses monu-
ments grandioses à Babylone et à Ninive, ces villes célèbres de
l'antiquité, elle les laisse bien en arrière par l'élégance et la
perfection de son industrie, par la domination qu'elle exerce
sur tous les peuples civilisés, par ses belles et gracieuses inven-
tions, par ses modes toujours nouvelles. Toutes les personnes
de bonne compagnie subissent son joug.

Bien plus, Paris surpasse toutes les capitales de l'Europe, par
ses chefs-d'œuvre d'art de tous genres qu'il possède, par les
trésors de sa bibliothèque Impériale, par les charmes de sa vie
sociale et les jouissances variées qu'offrent ses théâtres et ses
cirques ; tous ces avantages, réunis à un climat doux et tempéré
qui protège la célèbre cité contre la chaleur suffoquante du midi
et contre les froids excessifs du nord, font de la capitale un sé-

jour délicieux et charmant, et, il n'y a point de plaisirs et de divertissements que ceux qui aiment une joyeuse vie, ou ceux qui s'adonnent à l'étude ne puissent se procurer.

Les productions les plus diverses, les plus précieuses des pays éloignés, y affluent continuellement pour satisfaire les goûts les plus capricieux, les plus délicats. La mer, elle-même, est tributaire de cette capitale et envoie sur ses marchés ses produits variés et tous frais.

Paris s'embellit tous les jours de rues nouvelles et de belles constructions, ses quais immenses font l'admiration des étrangers. Tout le monde sait que l'Empereur les a fait entourer depuis son règne d'une forte cuirasse, qui les protégera contre toute hostilité.

En achevant ce petit ouvrage, je ne parlerai pas des manières et de l'affabilité des parisiens, car le monde entier les connaît et les admire.

Je ne parlerai pas non plus de l'indépendance et de la liberté individuelle dont on jouit à Paris, plus que partout ailleurs ; avantages inestimables par lesquels tant d'étrangers sont attirés dans son sein et y sont retenus pour longtemps, quelquefois pour toujours.

Mais, je ne terminerai pas sans avoir dit que Paris est une ville unique, superbe et majestueuse, dont le souvenir vivra toujours dans le cœur de ceux qui l'ont visitée.

Jacques WEBER.

IMPRIMERIE BÉNARD & Cie,
Passage du Caire, 2.